Words That Dance and Other Stories: Bilingual French-English Short Stories

Coledown Bilingual Books

Published by Coledown Bilingual Books, 2023.

WORDS THAT DANCE AND OTHER STORIES: BILINGUAL FRENCH-ENGLISH SHORT STORIES

First edition. September 19, 2023.

Table of Contents

Les Mots qui Dansent

Au cœur de la ville de Paris, il y avait un petit café pittoresque appelé "Le Coin des Écrivains". C'était un lieu où les écrivains et les rêveurs se réunissaient pour échanger des idées, boire du café fort et écrire des histoires qui transcendaient le temps. Parmi les habitués du café se trouvait une femme mystérieuse du nom de Élise Beauchamp.

Élise était une écrivaine célèbre, mais son visage était inconnu du grand public. Elle avait choisi de vivre dans l'ombre, préférant que ses mots parlent pour elle. Son nom était synonyme de récits envoûtants et de romans qui touchaient l'âme des lecteurs. Elle écrivait avec une passion qui semblait surgir des profondeurs de son être.

Chaque matin, Élise se rendait au Coin des Écrivains, armée de son vieux carnet de cuir et d'un stylo à plume. Elle commandait son café et s'installait à sa table préférée, près de la fenêtre donnant sur la rue pavée. C'était là qu'elle trouvait l'inspiration pour ses histoires.

Ce matin-là, Élise fixait la page blanche de son carnet, cherchant le début de sa prochaine histoire. Les mots semblaient danser hors de sa portée, et elle ressentait un blocage créatif qu'elle n'avait pas éprouvé depuis longtemps. Elle savait que les écrivains traversaient parfois des périodes de doute, mais cela ne faisait qu'ajouter à sa frustration.

Son ami et propriétaire du café, Luc, s'approcha de sa table avec un sourire bienveillant. "Élise, vous avez l'air d'avoir besoin d'inspiration ce matin."

Elle soupira et hocha la tête. "Oui, Luc, je crains que l'inspiration me fasse défaut aujourd'hui. Je ne sais pas par où commencer."

Luc s'assit en face d'elle. "Eh bien, laissez-moi vous raconter une histoire. Peut-être que cela vous aidera à trouver vos propres mots."

Élise sourit, reconnaissante de l'attention de son ami. "Je vous écoute, Luc."

Il commença son récit d'une voix douce. "Il était une fois un écrivain solitaire qui vivait au sommet d'une montagne isolée. Chaque jour, il s'asseyait devant sa vieille machine à écrire, espérant que les mots viendraient à lui. Mais pendant des semaines, il n'écrivit rien digne d'intérêt. Il se sentait comme un peintre devant une toile blanche, incapable de trouver la couleur parfaite."

Élise écouta attentivement, les yeux fixés sur Luc.

"Un jour, alors qu'il se promenait dans les montagnes, il rencontra un berger qui gardait son troupeau. Le berger était un homme simple, mais il avait une sagesse profonde. L'écrivain s'assit à côté de lui et lui raconta sa frustration."

Luc marqua une pause, laissant l'histoire suspendue dans l'air.

Élise demanda : "Et que lui a dit le berger ?"

Luc sourit. "Le berger lui a dit que l'inspiration était comme un troupeau de moutons. Parfois, les moutons errent loin, mais si vous les appelez avec suffisamment de patience et d'amour, ils reviendront toujours vers vous."

Élise réfléchit à cette métaphore. "C'est une belle histoire, Luc. Merci de me l'avoir racontée."

Luc se leva et lui tapota l'épaule. "N'oubliez pas, Élise, les mots viendront à vous quand ils seront prêts. En attendant, profitez de la vie et des petites histoires qui se déroulent autour de vous."

Élise regarda Luc partir, ses pensées tournant autour de l'histoire du berger et des moutons. Peut-être avait-elle besoin de laisser son esprit vagabonder un peu, de s'ouvrir à de nouvelles expériences pour trouver l'inspiration qui semblait lui échapper.

Les jours passèrent, et Élise commença à explorer la ville de Paris d'un œil neuf. Elle visita des musées, flâna le long de la Seine et écouta les histoires des habitants du quartier. Elle était à l'affût de chaque détail, de chaque petite anecdote qui pourrait devenir le point de départ d'une nouvelle histoire.

Un après-midi, alors qu'elle se promenait dans le quartier de Montmartre, elle entra dans une librairie indépendante. Là, elle rencontra une jeune libraire passionnée nommée Camille. Camille avait une passion pour les livres qui rivalisait avec celle d'Élise pour l'écriture.

Les deux femmes se lièrent rapidement d'amitié, partageant des conversations animées sur la littérature et l'art. Camille était une source d'inspiration pour Élise, et elle la poussait à explorer de nouveaux horizons littéraires.

Un jour, Camille lui parla d'une ancienne légende parisienne qui racontait l'histoire d'un écrivain mystérieux du 19e siècle qui avait disparu sans laisser de trace. Personne ne savait ce qu'il était advenu de lui, et ses manuscrits étaient restés inachevés. Cette histoire piqua la curiosité d'Élise.

"Imaginez, Élise," dit Camille avec enthousiasme, "peut-être pourriez-vous résoudre ce mystère à travers vos mots. Écrire la fin de cette histoire inachevée."

Élise fut intriguée par l'idée. Elle se plongea dans la recherche sur l'écrivain disparu et commença à écrire un roman basé sur la légende. Les mots commencèrent à couler comme un torrent, et elle se sentit submergée par l'inspiration.

Au fur et à mesure que son roman prenait forme, Élise se rendait compte que l'histoire de l'écrivain mystérieux était également la sienne. Elle était en train de trouver sa propre voix, de découvrir une nouvelle facette d'elle-même à travers son écriture.

Les mois passèrent, et le roman prit vie. Il racontait l'histoire de l'écrivain disparu et de sa quête pour trouver la vérité. À mesure qu'Élise écrivait, elle sentait que ses propres questions et doutes trouvaient des réponses dans les mots qu'elle posait sur le papier.

Lorsqu'elle acheva enfin le roman, elle le montra à Camille, qui fut émue par la profondeur de l'histoire. "C'est magnifique, Élise. Vous avez trouvé votre inspiration, et vous avez donné une fin à cette légende oubliée."

Le livre fut publié et devint un succès instantané. Les lecteurs furent captivés par l'histoire de l'écrivain disparu et par la manière dont Élise avait su lui donner une conclusion poignante. Le livre fut acclamé par la critique et propulsa Élise sur le devant de la scène littéraire.

Pourtant, malgré sa renommée, Élise n'oublia jamais l'importance de l'amitié et de l'inspiration qu'elle avait trouvées dans le Coin des Écrivains et auprès de Camille. Elle continuait à fréquenter le petit café, écoutant les histoires des écrivains en herbe et partageant son expérience avec ceux qui cherchaient à trouver leur propre voix.

Le Coin des Écrivains resta un lieu de créativité et de rêverie, un endroit où les mots dansaient sur le papier et où les écrivains trouvaient l'inspiration à chaque coin de rue. Et Élise Beauchamp, l'écrivaine mystérieuse, continua à écrire des histoires qui touchaient les cœurs et les âmes de ses lecteurs, car elle savait que les mots avaient le pouvoir de faire danser l'âme.

Words that Dance

In the heart of the city of Paris, there was a quaint café called "Le Coin des Écrivains" (The Writers' Corner). It was a place where writers and dreamers gathered to exchange ideas, drink strong coffee, and write stories that transcended time. Among the regulars at the café was a mysterious woman named Elise Beauchamp.

Elise was a famous writer, but her face was unknown to the general public. She had chosen to live in the shadows, preferring her words to speak for her. Her name was synonymous with enchanting narratives and novels that touched the souls of readers. She wrote with a passion that seemed to well up from the depths of her being.

Every morning, Elise would make her way to Le Coin des Écrivains, armed with her old leather notebook and a fountain pen. She would order her coffee and settle at her favorite table by the window, overlooking the cobbled street. It was there that she found inspiration for her stories.

On that particular morning, Elise stared at the blank page of her notebook, searching for the beginning of her next tale. The words seemed to dance just out of her reach, and she felt a creative block she hadn't experienced in a long time. She knew that writers sometimes went through periods of doubt, but it only added to her frustration.

Her friend and the café's owner, Luc, approached her table with a kindly smile. "Elise, you seem to be in need of inspiration this morning."

She sighed and nodded. "Yes, Luc, I fear that inspiration eludes me today. I don't know where to begin."

Luc sat across from her. "Well, let me tell you a story. Perhaps it will help you find your own words."

Elise smiled, grateful for her friend's attention. "I'm listening, Luc."

He began his tale in a gentle voice. "Once upon a time, there was a solitary writer who lived atop an isolated mountain. Every day, he would sit in front of his old typewriter, hoping that words would come to him. But for weeks, he wrote nothing of note. He felt like a painter in front of a blank canvas, unable to find the perfect color."

Elise listened intently, her eyes fixed on Luc.

"One day, as he wandered through the mountains, he met a shepherd who was tending to his flock. The shepherd was a simple man, but he possessed deep wisdom. The writer sat beside him and shared his frustration."

Luc paused, letting the story hang in the air.

Elise asked, "And what did the shepherd tell him?"

Luc smiled. "The shepherd told him that inspiration was like a flock of sheep. Sometimes, the sheep would wander far, but if you called to them with enough patience and love, they would always come back to you."

Elise pondered the metaphor. "That's a beautiful story, Luc. Thank you for sharing it with me."

Luc rose and patted her shoulder. "Remember, Elise, the words will come to you when they are ready. In the meantime, enjoy life and the little stories unfolding around you."

Elise watched Luc depart, her thoughts circling around the story of the shepherd and the sheep. Perhaps she needed to let her mind wander a bit, to open herself up to new experiences to find the inspiration that seemed to elude her.

Days turned into weeks, and Elise began to explore the city of Paris with fresh eyes. She visited museums, strolled along the Seine, and listened to the stories of the neighborhood's inhabitants. She was attentive to every detail, every little anecdote that could become the starting point of a new story.

One sunny afternoon, as she wandered through the Montmartre district, she entered an independent bookstore. There, she met a passionate young bookseller named Camille. Camille had a love for books that rivaled Elise's passion for writing.

The two women quickly became friends, engaging in spirited conversations about literature and art. Camille was a source of inspiration for Elise, encouraging her to explore new literary horizons.

One day, Camille told her about an old Parisian legend that recounted the story of a mysterious 19th-century writer who had disappeared without a trace. No one knew what had become of him, and his manuscripts remained unfinished. This story piqued Elise's curiosity.

"Imagine, Elise," Camille said excitedly, "perhaps you could solve this mystery through your words. Write the ending to this unfinished tale."

Elise was intrigued by the idea. She delved into research about the vanished writer and began writing a novel based on the legend. The words started to flow like a torrent, and she felt overwhelmed by inspiration.

As her novel took shape, Elise realized that the story of the mysterious writer was also her own. She was finding her own voice, discovering a new facet of herself through her writing.

Months passed, and the novel came to life. It told the story of the vanished writer and his quest for the truth. As Elise wrote, she felt that her own questions and doubts were being answered in the words she put on paper.

When she finally completed the novel, she showed it to Camille, who was moved by the depth of the story. "It's beautiful, Elise. You've found your inspiration and given an ending to this forgotten legend."

The book was published and became an instant success. Readers were captivated by the story of the vanished writer and how Elise had managed to give it a poignant conclusion. The book received critical acclaim and propelled Elise into the literary spotlight.

Yet, despite her fame, Elise never forgot the importance of friendship and the inspiration she had found in Le Coin des Écrivains and through Camille. She continued to frequent the small café, listening to the stories of aspiring writers and sharing her own experiences with those seeking to find their own voice.

Le Coin des Écrivains remained a place of creativity and reverie, a spot where words danced on paper and where writers found inspiration at every street corner. And Elise Beauchamp, the mysterious writer, continued to write stories that touched the hearts and souls of her readers, for she knew that words had the power to make the soul dance.

Le Jardin des Éphémères

Au cœur d'une vallée isolée, perdue dans les replis secrets de la campagne française, se cachait un jardin mystérieux. On l'appelait "Le Jardin des Éphémères", car il ne s'épanouissait qu'une seule nuit par an, à la lueur de la pleine lune.

La gardienne du jardin était une femme énigmatique du nom de Marguerite. Elle vivait seule dans une petite maison en pierre, nichée au bord du jardin. Ses yeux, d'un bleu profond, semblaient refléter les secrets de la nuit.

Chaque année, à l'approche de la pleine lune du mois d'août, Marguerite ouvrait les portes du jardin aux visiteurs curieux. Les rumeurs couraient sur la magie du jardin, sur les fleurs éphémères qui ne poussaient qu'une nuit, sur les parfums envoûtants qui emplissaient l'air.

Une nuit d'été, un jeune artiste du nom de Julien vint à la vallée. Il était en quête d'inspiration pour sa peinture, et il avait entendu parler du Jardin des Éphémères. Marguerite l'accueillit avec un sourire serein et le guida à travers les allées du jardin.

À la lueur de la lune, Julien découvrit des fleurs d'une beauté inimaginable. Elles brillaient comme des étoiles, leurs couleurs changeaient au rythme de leur propre musique. Julien se mit à peindre, capturant la splendeur du jardin sur sa toile.

Marguerite, silencieuse, observait le jeune artiste créer. Elle semblait être une part intégrante du jardin, presque une extension de ses mystères. Elle raconta à Julien l'histoire du jardin, comment il était né des rêves et des espoirs de ceux qui avaient vécu dans la vallée depuis des générations.

La nuit s'écoula comme un rêve, et quand le soleil se leva, le jardin s'effaça dans l'aube naissante. Julien avait terminé sa peinture, une œuvre d'art d'une beauté transcendante. Marguerite lui offrit une fleur, la dernière du jardin, en lui disant que cette fleur le guiderait dans sa quête d'inspiration.

Julien quitta la vallée avec sa peinture et la fleur, mais il revint chaque année au Jardin des Éphémères. Chaque année, il trouvait de nouvelles nuances de beauté et d'inspiration dans ce lieu magique.

Marguerite resta la gardienne du jardin, une figure énigmatique qui avait le pouvoir de faire éclore la magie dans le cœur des visiteurs. Le Jardin des Éphémères, avec ses fleurs qui ne duraient qu'une nuit, continuait de captiver l'âme de ceux qui osaient s'y aventurer, offrant une leçon sur la beauté éphémère de la vie.

The Garden of Ephemerals

In the heart of an isolated valley, hidden in the secret folds of the French countryside, there lay a mysterious garden. It was called "The Garden of Ephemerals" because it only blossomed for one night each year, in the light of the full moon.

The guardian of the garden was an enigmatic woman named Marguerite. She lived alone in a small stone house nestled at the edge of the garden. Her eyes, deep blue, seemed to reflect the secrets of the night.

Every year, as the August full moon approached, Marguerite would open the garden's gates to curious visitors. Rumors abounded about the garden's magic, about the ephemeral flowers that only bloomed for one night, about the enchanting fragrances that filled the air.

One summer night, a young artist named Julien came to the valley. He was in search of inspiration for his painting and had heard of the Garden of Ephemerals. Marguerite welcomed him with a serene smile and guided him through the garden's pathways.

By the moonlight, Julien discovered flowers of unimaginable beauty. They sparkled like stars, their colors changing to their own music. Julien began to paint, capturing the splendor of the garden on his canvas.

Marguerite, silent, watched the young artist create. She seemed an integral part of the garden, almost an extension of its mysteries. She told Julien the story of the garden, how it had sprung from the dreams and hopes of those who had lived in the valley for generations.

The night passed like a dream, and when the sun rose, the garden faded into the emerging dawn. Julien had finished his painting, a work of art of transcendent beauty. Marguerite gave him a flower, the last one from the garden, telling him that this flower would guide him on his quest for inspiration.

Julien left the valley with his painting and the flower, but he returned to the Garden of Ephemerals each year. Every year, he found new shades of beauty and inspiration in this magical place.

Marguerite remained the guardian of the garden, an enigmatic figure with the power to awaken magic in the hearts of visitors. The Garden of Ephemerals, with its flowers that lasted only one night, continued to captivate the souls of those who dared to venture there, offering a lesson on the ephemeral beauty of life.

Le Mystère des Lavandes Perdues

Le soleil d'été brillait intensément sur les champs de lavande en Provence, créant une mer violette qui s'étendait à perte de vue. Les doux parfums de lavande flottaient dans l'air, emportant avec eux le charme envoûtant de cette région pittoresque. C'était dans ce cadre idyllique que le professeur Alexandre Dupont avait décidé de passer ses vacances.

Originaire de Paris, Dupont était un éminent archéologue, spécialisé dans l'étude des civilisations anciennes. Il avait besoin d'une pause bien méritée après des mois de recherches épuisantes. La tranquillité de la campagne provençale semblait être le refuge parfait pour lui.

Il avait loué une petite maison en pierre, située au sommet d'une colline, offrant une vue imprenable sur les champs de lavande et les vignobles qui s'étendaient à l'horizon. La maison était pittoresque, avec ses volets bleus et sa façade ensoleillée. Dupont se sentait déjà chez lui.

Le premier matin de son séjour, Dupont décida de faire une promenade matinale dans les champs de lavande. Il avait entendu parler d'une ancienne légende provençale selon laquelle des trésors perdus se cachaient parmi les rangées de lavande. Bien qu'il fût sceptique, l'idée d'une aventure archéologique dans ce paysage magnifique l'excitait.

Alors qu'il se promenait entre les rangées de lavande, Dupont fut attiré par une étrange pierre qui émergeait du sol. Intrigué, il la déterra avec précaution et découvrit un pendentif en argent finement ciselé. Il semblait antique, orné de motifs floraux complexes. Les yeux du professeur s'illuminèrent de fascination.

Ce pendentif avait toutes les caractéristiques d'une pièce d'artefact antique. Son esprit d'archéologue se mit en marche, et il commença à fouiller les environs à la recherche d'autres indices. Bientôt, il découvrit des fragments de poterie, des morceaux de céramique, et même une vieille pièce de monnaie datant de l'époque romaine.

La découverte était incroyable. Il était convaincu qu'il était sur la piste d'une cache d'artefacts anciens, peut-être liée à une ancienne tribu celte qui avait autrefois peuplé la région. Excité par cette idée, il décida de consacrer son séjour en Provence à explorer cette énigme.

Les jours qui suivirent furent marqués par l'excitation de la découverte. Dupont passait des heures à fouiller les champs de lavande, à la recherche de nouveaux indices. Il nota scrupuleusement chaque découverte, chaque fragment de céramique, chaque pièce de monnaie. Il était de plus en plus convaincu que ces objets étaient liés à une civilisation antique méconnue.

Il consulta les archives locales et découvrit des récits de voyageurs du XIXe siècle qui avaient mentionné des vestiges anciens dans la région, mais personne n'avait réussi à percer le mystère de leur origine. Les légendes provençales racontaient des histoires de tribus celtes mystérieuses qui avaient vécu dans les collines avant l'arrivée des Romains. Dupont se demanda si ces légendes pouvaient être vraies.

Pendant ses recherches, il fit la connaissance de Jeanne, une habitante du village voisin. Jeanne était une femme sage, au visage marqué par les années, qui avait passé toute sa vie en Provence. Elle avait entendu parler des trésors cachés parmi les lavandes depuis son enfance et connaissait les légendes de la région mieux que quiconque.

Jeanne était fascinée par l'enthousiasme de Dupont et décida de l'aider dans sa quête. Elle partagea avec lui les histoires transmises de génération en génération, des récits de druides celtes qui avaient caché leurs trésors sacrés dans les collines. Elle lui raconta également l'histoire d'une vieille carte au trésor, supposée indiquer l'emplacement exact des trésors cachés.

Armés de ces récits, Dupont et Jeanne entreprirent des expéditions dans les montagnes environnantes, à la recherche d'indices qui les mèneraient au trésor perdu des druides. Ils escaladèrent des crêtes escarpées, traversèrent des rivières tumultueuses et explorèrent d'anciennes grottes. À chaque étape, ils découvrirent de nouveaux indices, renforçant leur conviction que le trésor était réel.

Alors que Dupont et Jeanne poursuivaient leur quête, ils réalisèrent que leur recherche de trésor n'était pas seulement une aventure archéologique, mais aussi une plongée dans l'histoire et la culture de la Provence. Ils découvrirent des pierres gravées avec d'anciens symboles celtiques, des inscriptions mystérieuses sur les parois des grottes, et même un autel en pierre au sommet d'une montagne, où les druides auraient pratiqué leurs rituels.

Au fil de leurs découvertes, Dupont et Jeanne commencèrent à ressentir la présence des anciens, comme si les esprits des druides les guidaient dans leur quête. Les nuits étoilées de la Provence étaient remplies de mystères et de secrets, et ils se laissèrent emporter par la magie de cette terre.

Cependant, leur recherche n'était pas sans obstacles. Ils rencontrèrent des contrebandiers qui prétendaient également chercher le trésor des druides. Les confrontations étaient tendues, mais Dupont et Jeanne réussirent à les convaincre de les laisser poursuivre leur quête pacifiquement.

Ils durent également faire face à des tempêtes violentes en montagne, à des avalanches de pierres et à des passages étroits et dangereux. La nature elle-même semblait vouloir protéger le mystère des lavandes perdues. Mais leur détermination ne fléchit pas, et ils continuèrent à avancer.

Après des semaines de recherche épuisante, Dupont et Jeanne trouvèrent enfin un indice décisif. Ils découvrirent une grotte cachée au sommet d'une falaise escarpée. À l'intérieur de la grotte, ils trouvèrent une pierre tombale ancienne, ornée de symboles celtiques. C'était un signe clair qu'ils étaient sur la bonne voie.

Ils creusèrent autour de la pierre tombale et mirent au jour un coffre en bois sculpté. Le moment tant attendu était enfin arrivé. Avec précaution, ils ouvrirent le coffre et furent éblouis par ce qu'ils trouvèrent à l'intérieur : des bijoux celtiques magnifiquement ouvragés, des pièces de monnaie antiques, des manuscrits anciens et, au centre du trésor, un calice d'or incrusté de pierres précieuses.

Dupont était émerveillé. Le trésor des druides, caché depuis des siècles, avait enfin été révélé. Mais ce n'était pas seulement la valeur matérielle qui les fascinait. C'était la connexion avec le passé, avec une civilisation oubliée, qui les touchait profondément.

Ils décidèrent de faire part de leur découverte aux autorités locales, espérant que le trésor serait préservé pour les générations futures. Le trésor des druides devint rapidement une attraction touristique majeure de la région, attirant des visiteurs du monde entier.

Après avoir partagé leur découverte avec le monde, Dupont et Jeanne décidèrent de continuer à explorer la richesse culturelle et historique de la Provence. Ils visitèrent des villages perchés sur des collines, dégustèrent les vins locaux, et se plongèrent dans la cuisine provençale.

Ils découvrirent également d'autres légendes et mystères de la région, notamment celle d'une vieille chapelle abandonnée au sommet d'une montagne, où, dit-on, un trésor encore plus grand était caché. Bien qu'ils aient choisi de ne pas se lancer dans une nouvelle quête, cette légende leur rappela que la Provence était une terre de secrets bien gardés.

Leur amitié grandit au fil de leurs aventures, et ils passèrent de nombreux moments heureux ensemble, explorant les recoins les plus reculés de la Provence. Pour Dupont, cette escapade avait été bien plus qu'une simple découverte archéologique. C'était devenu une quête personnelle pour comprendre le passé, une aventure qui avait enrichi sa vie de manière inattendue.

En fin de compte, le professeur Alexandre Dupont réalisa que les véritables trésors de la Provence n'étaient pas seulement enfouis dans la terre, mais aussi dans les histoires, les légendes et les paysages de cette région magique. Et il savait qu'il reviendrait toujours en Provence, en quête de nouveaux mystères à explorer et de nouvelles amitiés à cultiver dans ce coin préservé du monde.

The Mystery of the Lost Lavender

The summer sun shone brightly over the lavender fields in Provence, creating a sea of purple that stretched as far as the eye could see. The gentle scent of lavender wafted through the air, carrying with it the enchanting charm of this picturesque region. It was in this idyllic setting that Professor Alexandre Dupont had decided to spend his vacation.

Hailing from Paris, Dupont was a renowned archaeologist, specializing in the study of ancient civilizations. He needed a well-deserved break after months of exhausting research. The tranquility of the Provençal countryside seemed like the perfect refuge for him.

He had rented a small stone house perched atop a hill, offering breathtaking views of the lavender fields and vineyards that stretched to the horizon. The house was quaint, with its blue shutters and sunny façade. Dupont already felt at home.

On the first morning of his stay, Dupont decided to take a morning stroll through the lavender fields. He had heard of an ancient Provençal legend that spoke of lost treasures hidden among the lavender rows. Though skeptical, the idea of an archaeological adventure in this beautiful landscape excited him.

As he walked amidst the lavender rows, Dupont was drawn to a peculiar stone protruding from the ground. Intrigued, he carefully unearthed it and discovered a finely crafted silver pendant. It appeared ancient, adorned with intricate floral patterns. The professor's eyes lit up with fascination.

This pendant bore all the hallmarks of an ancient artifact. His archaeologist's mind sprang into action, and he began scouring the surroundings for further clues. Soon, he uncovered pottery fragments, pieces of ceramics, and even an old Roman coin.

The discovery was incredible. He was convinced that he was on the trail of a cache of ancient artifacts, perhaps linked to an ancient Celtic tribe that had once inhabited the region. Excited by this prospect, he decided to dedicate his time in Provence to unraveling this mystery.

The ensuing days were marked by the excitement of discovery. Dupont spent hours scouring the lavender fields for new clues. He meticulously recorded each find, every fragment of pottery, and every coin. He grew increasingly convinced that these objects were connected to an unknown ancient civilization.

He consulted local archives and uncovered accounts from 19th-century travelers who had mentioned ancient remains in the region, but no one had succeeded in unraveling their origins. Provençal legends told stories of enigmatic Celtic tribes that had once lived in the hills before the arrival of the Romans. Dupont wondered if these legends held any truth.

During his research, he crossed paths with Jeanne, a resident of a neighboring village. Jeanne was a wise woman, her face marked by the years, who had spent her entire life in Provence. She had heard of the treasures hidden among the lavenders since her childhood and knew the local legends better than anyone.

Jeanne was captivated by Dupont's enthusiasm and decided to assist him in his quest. She shared with him stories passed down through generations, tales of Celtic druids who had concealed their sacred treasures in the hills. She also recounted the story of an old treasure map that was said to indicate the exact location of the hidden treasures.

Armed with these stories, Dupont and Jeanne embarked on expeditions into the surrounding mountains, seeking clues that would lead them to the lost treasure of the druids. They climbed steep ridges, crossed turbulent rivers, and explored ancient caves. At every step, they discovered new clues, strengthening their belief in the reality of the treasure.

As Dupont and Jeanne pursued their quest, they realized that their search for treasure was not just an archaeological adventure but also a journey into the history and culture of Provence. They found engraved stones bearing ancient Celtic symbols, mysterious inscriptions on cave walls, and even an ancient stone altar atop a mountain where druids were said to have performed their rituals.

With each discovery, Dupont and Jeanne felt the presence of the ancients, as if the spirits of the druids were guiding them in their quest. The starry nights of Provence were filled with mysteries and secrets, and they were swept away by the magic of this land.

However, their search was not without its challenges. They encountered smugglers who claimed to be seeking the druids' treasure as well. Confrontations grew tense, but Dupont and

Jeanne managed to convince them to allow them to pursue their quest peacefully.

They also faced violent mountain storms, rockslides, and treacherous narrow passages. Nature itself seemed determined to protect the mystery of the lost lavenders. But their determination remained unwavering, and they pressed on.

After weeks of exhausting searching, Dupont and Jeanne finally found a decisive clue. They stumbled upon a hidden cave at the top of a steep cliff. Inside the cave, they found an ancient tombstone adorned with Celtic symbols. It was a clear sign that they were on the right track.

They dug around the tombstone and unearthed a carved wooden chest. The long-awaited moment had arrived. With great care, they opened the chest and were dazzled by what they found inside: exquisitely crafted Celtic jewelry, ancient coins, ancient manuscripts, and at the center of the treasure, a golden chalice adorned with precious gemstones.

Dupont was in awe. The treasure of the druids, hidden for centuries, had finally been revealed. But it wasn't just the material value that fascinated them. It was the connection to the past, to a forgotten civilization, that touched them deeply.

They decided to share their discovery with local authorities, hoping the treasure would be preserved for future generations. The treasure of the druids quickly became a major tourist attraction in the region, drawing visitors from around the world.

After sharing their discovery with the world, Dupont and Jeanne decided to continue exploring the cultural and historical richness of Provence. They visited hilltop villages, tasted local wines, and indulged in Provençal cuisine.

They also discovered other legends and mysteries of the region, including the tale of an old abandoned chapel atop a mountain, where it was said an even greater treasure was hidden. Though they chose not to embark on a new quest, this legend served as a reminder that Provence was a land of well-kept secrets.

Their friendship deepened as they embarked on many happy moments together, exploring the remote corners of Provence. For Dupont, this escapade had been much more than a mere archaeological discovery. It had become a personal quest to understand the past, an adventure that unexpectedly enriched his life.

Ultimately, Professor Alexandre Dupont realized that the true treasures of Provence were not only buried in the earth but also in the stories, legends, and landscapes of this magical region. And he knew he would always return to Provence, in search of new mysteries to explore and new friendships to cultivate in this unspoiled corner of the world.

Les Pionniers de l'Étoile Écarlate

L'année était 2085, et la Terre était au bord de l'effondrement environnemental. Les ressources s'épuisaient, le climat était devenu incontrôlable, et la surpopulation menaçait l'équilibre de la planète. L'humanité était à un tournant décisif de son histoire.

C'est dans ce contexte que le Dr. Élise Durand, une scientifique visionnaire, fit une annonce qui bouleversa le monde. Lors d'une conférence internationale, elle révéla l'existence d'une planète lointaine, nommée Étoile Écarlate, qui avait été identifiée comme la candidate la plus prometteuse pour une colonisation humaine.

Étoile Écarlate était située à des années-lumière de la Terre, mais grâce à une avancée révolutionnaire dans la propulsion spatiale, les voyages interstellaires étaient devenus possibles. Le Dr. Durand dévoila un projet ambitieux : l'envoi d'une mission pionnière pour établir une colonie sur cette planète lointaine, offrant ainsi une lueur d'espoir à l'humanité en quête d'un nouveau foyer.

La mission Étoile Écarlate était composée de scientifiques, d'ingénieurs, d'astronautes et de volontaires du monde entier. Ils furent sélectionnés pour leurs compétences, leur détermination et leur engagement envers la préservation de l'avenir de l'humanité.

Le vaisseau spatial "Espérance" fut spécialement conçu pour cette mission historique. Équipé de technologies de pointe, il était capable de voyager à des vitesses proches de la lumière, réduisant ainsi le temps de voyage vers Étoile Écarlate de plusieurs décennies à quelques années.

Le voyage était toutefois périlleux. L'équipage devait affronter des radiations interstellaires, des tempêtes spatiales et l'isolement profond de l'espace. Mais leur détermination à atteindre Étoile Écarlate était inébranlable.

Après plusieurs années de voyage, l'Espérance atteignit enfin Étoile Écarlate. La planète se révéla être un paradis céleste, avec des paysages à couper le souffle, une faune et une flore luxuriantes, ainsi qu'un climat stable. L'équipage débarqua sur cette nouvelle terre, excitée par les possibilités qu'elle offrait.

Cependant, la colonisation d'Étoile Écarlate ne fut pas sans défis. Les pionniers durent construire des abris, cultiver des aliments, et apprendre à vivre en harmonie avec cette planète étrangère. Chaque jour était une aventure, et chaque nuit, le ciel scintillait de constellations inconnues.

Au fil des années, la colonie sur Étoile Écarlate prospéra. Les pionniers apprirent à exploiter les ressources de la planète de manière durable, à créer une société équilibrée et à préserver la beauté de leur nouvel environnement.

La Terre restait dans leurs pensées, mais Étoile Écarlate était devenue leur nouveau chez-eux. Ils avaient réussi à bâtir une civilisation florissante dans ce coin reculé de l'univers.

Le Dr. Élise Durand, qui avait été à la tête de cette extraordinaire entreprise, était décédée en laissant derrière elle un héritage durable. Son rêve de sauver l'humanité avait été réalisé, et la planète Étoile Écarlate était devenue un nouvel espoir pour l'avenir de l'espèce humaine.

Alors que les années passaient, les habitants d'Étoile Écarlate regardaient vers le ciel avec gratitude. Ils savaient qu'ils étaient les pionniers d'un avenir interstellaire, porteurs de l'espoir et de la persévérance de l'humanité.

La planète Étoile Écarlate, avec ses paysages magnifiques et ses mystères inexplorés, était devenue un foyer où l'humanité pouvait redémarrer et prospérer. Là, sous les étoiles écarlates, l'histoire de l'humanité prenait un nouveau départ, et l'avenir brillait avec une promesse infinie.

The Pioneers of the Crimson Star

The year was 2085, and Earth stood on the brink of environmental collapse. Resources were dwindling, the climate had become uncontrollable, and overpopulation threatened the planet's balance. Humanity was at a pivotal juncture in its history.

It was in this context that Dr. Elise Durand, a visionary scientist, made an announcement that shook the world. During an international conference, she revealed the existence of a distant planet named Crimson Star, which had been identified as the most promising candidate for human colonization.

Crimson Star was located light-years away from Earth, but thanks to a revolutionary advancement in space propulsion, interstellar travel had become possible. Dr. Durand unveiled an ambitious project: the dispatch of a pioneering mission to establish a colony on this remote planet, offering a glimmer of hope to humanity in search of a new home.

The Crimson Star mission was comprised of scientists, engineers, astronauts, and volunteers from around the world. They were selected for their skills, determination, and commitment to preserving humanity's future.

The spacecraft "Hope" was specially designed for this historic mission. Equipped with cutting-edge technology, it was capable of traveling at speeds approaching the speed of light, thus reducing the travel time to Crimson Star from several decades to just a few years.

The journey, however, was perilous. The crew had to face interstellar radiation, space storms, and the deep isolation of space. But their determination to reach Crimson Star was unwavering.

After several years of travel, Hope finally reached Crimson Star. The planet revealed itself as a celestial paradise, with breathtaking landscapes, lush flora and fauna, and a stable climate. The crew disembarked onto this new land, excited by the possibilities it offered.

However, the colonization of Crimson Star was not without challenges. The pioneers had to build shelters, cultivate food, and learn to live in harmony with this foreign planet. Each day was an adventure, and each night, the sky sparkled with unfamiliar constellations.

Over the years, the colony on Crimson Star thrived. The pioneers learned to harness the planet's resources sustainably, create a balanced society, and preserve the beauty of their new environment.

Earth remained in their thoughts, but Crimson Star had become their new home. They had succeeded in building a flourishing civilization in this remote corner of the universe.

Dr. Elise Durand, who had spearheaded this extraordinary endeavor, passed away, leaving behind a lasting legacy. Her dream of saving humanity had been realized, and the planet Crimson Star had become a new hope for the future of the human species.

As the years passed, the inhabitants of Crimson Star looked up at the sky with gratitude. They knew they were the pioneers of an interstellar future, bearers of hope and humanity's perseverance.

The planet Crimson Star, with its magnificent landscapes and unexplored mysteries, had become a home where humanity could restart and thrive. There, beneath the crimson stars, the story of humanity took a fresh beginning, and the future shone with infinite promise.

L'Île des Secrets Perdus

Au cœur de l'océan Pacifique, dans le paradis tropical de la Polynésie française, se trouvait l'île de Tahani. C'était un endroit de rêve, où les plages de sable blanc se fondaient dans les eaux cristallines, et où la douce brise caressait les palmiers. Les habitants de l'île vivaient en harmonie avec la nature, préservant les traditions de leurs ancêtres.

Parmi les habitants de Tahani se trouvait Antoine Leclerc, un homme épris d'aventure depuis son enfance. Antoine avait grandi en écoutant les histoires de son grand-père, qui avait parcouru les océans à bord d'un voilier antique. Ces récits avaient allumé en lui la flamme de l'aventure, et il rêvait de découvrir les mystères cachés des mers lointaines.

Un jour, Antoine découvrit une vieille boussole dans un recoin poussiéreux de la maison familiale. Cette boussole avait appartenu à son grand-père, et elle était gravée de symboles mystérieux. Antoine sentit que cette boussole était la clé de l'aventure qu'il cherchait depuis si longtemps.

La boussole de son grand-père semblait pointer vers une direction particulière, une direction qui menait vers les îles éloignées de la Polynésie. Antoine était convaincu que son grand-père avait laissé des indices secrets dans cette boussole, des indices menant à des trésors perdus.

Il partagea sa découverte avec sa meilleure amie, Manu, une jeune femme courageuse et déterminée. Ensemble, ils commencèrent à enquêter sur les légendes locales, cherchant des indices dans les récits des anciens. Ils entendirent parler d'une légende ancienne qui parlait d'une île mystérieuse, où un trésor inestimable était enfoui depuis des générations.

Armés de la vieille boussole et des légendes qu'ils avaient recueillies, Antoine et Manu décidèrent de se lancer dans une quête audacieuse pour découvrir l'île légendaire. Ils préparèrent un petit voilier, le "Vent de Mystère", et rassemblèrent des provisions pour leur voyage.

Leur périple les conduisit à travers les eaux turquoise de l'océan Pacifique, où ils firent face à des tempêtes soudaines et des rencontres inattendues avec des dauphins joueurs. Chaque défi renforçait leur détermination, car ils savaient que le trésor caché valait bien tous les risques.

Après des semaines de navigation, la boussole les conduisit enfin vers l'île légendaire. C'était un endroit sauvage et isolé, où la végétation luxuriante s'étendait à perte de vue. Ils s'aventurèrent à l'intérieur de l'île, cherchant des indices pour localiser le trésor perdu.

Ils découvrirent des grottes cachées, des cascades éblouissantes et des animaux exotiques. Mais l'île était aussi pleine de pièges naturels et d'énigmes mystérieuses. Antoine et Manu devaient faire preuve de courage et d'ingéniosité pour les surmonter.

Au sommet d'une montagne escarpée, Antoine et Manu découvrirent enfin l'emplacement du trésor légendaire. C'était une grotte profonde, gardée par une statue ancienne. À l'intérieur de la grotte, ils trouvèrent un coffre ancien orné de joyaux étincelants.

Le coffre renfermait des trésors inimaginables : des bijoux anciens, des artefacts précieux, et des perles rares. Mais plus important encore, il contenait des manuscrits anciens qui racontaient l'histoire de l'île et de ses habitants, une histoire de courage, de sacrifice et de respect pour la nature.

Antoine et Manu réalisèrent que le véritable trésor de l'île était son histoire, son héritage et son lien profond avec la nature. Ils décidèrent de préserver cet héritage et de le partager avec le monde, afin que tous puissent comprendre la beauté et la richesse de la Polynésie française.

De retour sur l'île de Tahani, Antoine et Manu partagèrent leur incroyable aventure avec leur communauté. Les habitants écoutèrent avec admiration, car ils avaient toujours su que leur île était spéciale.

Le trésor de l'île légendaire fut préservé dans un musée local, où il devint un symbole de l'histoire et de la culture de la Polynésie française. Antoine et Manu continuèrent leurs aventures, explorant d'autres îles et découvrant de nouveaux mystères.

Ils savaient que l'océan Pacifique était rempli de secrets à découvrir, mais leur plus grande richesse était l'amitié et la passion qui les avaient unis dans cette aventure extraordinaire.

The Island of Lost Secrets

In the heart of the Pacific Ocean, in the tropical paradise of French Polynesia, lay the island of Tahani. It was a dreamlike place where white sandy beaches melted into crystal-clear waters, and the gentle breeze caressed the palm trees. The island's inhabitants lived in harmony with nature, preserving the traditions of their ancestors.

Among Tahani's inhabitants was Antoine Leclerc, a man who had been captivated by adventure since his childhood. Antoine had grown up listening to the tales of his grandfather, who had sailed the oceans aboard an ancient sailboat. These stories had ignited in him the flame of adventure, and he dreamt of uncovering the hidden mysteries of distant seas.

One day, Antoine stumbled upon an old compass in a dusty corner of the family home. This compass had belonged to his grandfather and was engraved with mysterious symbols. Antoine felt that this compass held the key to the adventure he had been seeking for so long.

His grandfather's compass seemed to point in a particular direction, a direction that led to the remote islands of Polynesia. Antoine was convinced that his grandfather had left secret clues in this compass—clues that led to lost treasures.

He shared his discovery with his best friend, Manu, a courageous and determined young woman. Together, they began to investigate local legends, searching for clues in the stories of the elders. They heard of an ancient legend that spoke of a mysterious island where an invaluable treasure had been buried for generations.

Armed with the old compass and the legends they had collected, Antoine and Manu decided to embark on a daring quest to discover the legendary island. They prepared a small sailboat, the "Mystery Wind," and gathered provisions for their journey.

Their journey took them through the turquoise waters of the Pacific Ocean, where they faced sudden storms and unexpected encounters with playful dolphins. Each challenge strengthened their determination, for they knew that the hidden treasure was worth all the risks.

After weeks of sailing, the compass finally led them to the legendary island. It was a wild and isolated place, where lush vegetation stretched as far as the eye could see. They ventured into the heart of the island, searching for clues to locate the lost treasure.

They discovered hidden caves, dazzling waterfalls, and exotic animals. Yet, the island was also full of natural traps and mysterious puzzles. Antoine and Manu had to demonstrate courage and ingenuity to overcome them.

At the top of a steep mountain, Antoine and Manu finally discovered the location of the legendary treasure. It was a deep cave, guarded by an ancient statue. Inside the cave, they found an ancient chest adorned with sparkling jewels.

The chest held unimaginable treasures: ancient jewelry, precious artifacts, and rare pearls. But more importantly, it contained ancient manuscripts that told the story of the island and its inhabitants—an account of courage, sacrifice, and respect for nature.

Antoine and Manu realized that the true treasure of the island was its history, its heritage, and its deep connection with nature. They decided to preserve this heritage and share it with the world, so that everyone could understand the beauty and richness of French Polynesia.

Back on the island of Tahani, Antoine and Manu shared their incredible adventure with their community. The inhabitants listened in admiration, for they had always known that their island was special.

The treasure from the legendary island was preserved in a local museum, where it became a symbol of the history and culture of French Polynesia. Antoine and Manu continued their adventures, exploring other islands and discovering new mysteries.

They knew that the Pacific Ocean was filled with secrets to uncover, but their greatest wealth was the friendship and passion that had united them in this extraordinary adventure.

L'Aventure de la Découverte Alpestre

Il était une fois, dans un petit village pittoresque niché au cœur des Alpes suisses, un homme nommé Émile Dupont. Émile était un homme d'un certain âge, au visage buriné par le soleil et les vents alpins. Il avait passé toute sa vie à cultiver des pommes de terre dans les terrasses en altitude de son village.

La vie d'Émile était simple et routinière, rythmée par les saisons et le travail acharné dans les champs. Mais, au fond de son cœur, il nourrissait un rêve secret : découvrir les sommets majestueux qui surplombaient son village depuis des générations.

Chaque matin, Émile se levait tôt pour contempler les montagnes depuis sa petite ferme. Il imaginait les aventures qui l'attendaient au-delà des cimes enneigées. Il rêvait de gravir les pentes abruptes, d'explorer les vallées cachées et de percer les mystères de ces montagnes qui avaient toujours fasciné son âme.

Un jour d'été, alors qu'il était en train de labourer ses champs, Émile aperçut un groupe de jeunes alpinistes qui passaient par son village. Ils étaient équipés de crampons, de cordes et de sacs à dos remplis de provisions. Leurs visages rayonnaient d'excitation et de détermination.

Émile s'approcha d'eux avec un sourire timide et demanda où ils se rendaient. L'un des alpinistes, un jeune homme nommé Julien, lui expliqua qu'ils étaient en route pour une expédition dans les montagnes, avec l'objectif ambitieux d'atteindre le sommet du Pic du Serpent, une montagne légendaire qui dominait la région.

Lorsqu'Émile entendit parler de leur expédition, son cœur s'emplit de joie et d'envie. Il réalisa que c'était sa chance de réaliser son rêve de toute une vie. Avec une humilité touchante, il demanda à Julien s'il pouvait se joindre à leur aventure.

Julien, impressionné par le désir sincère d'Émile, accepta volontiers. Il était convaincu que l'expérience et la sagesse d'Émile seraient un atout précieux pour leur expédition. Les autres membres du groupe, bien qu'un peu surpris, acquiescèrent également.

Le lendemain matin, Émile se retrouva avec le groupe d'alpinistes, prêt à entamer l'aventure de sa vie. Il portait des bottes de montagne usées mais solides, un sac à dos rempli de provisions qu'il avait soigneusement préparées, et un bâton de marche qu'il avait taillé lui-même.

L'ascension du Pic du Serpent fut une épreuve exigeante, même pour des alpinistes chevronnés comme Julien et ses compagnons. Les pentes étaient abruptes, les conditions météorologiques changeantes et les risques de glissement de terrain étaient omniprésents. Mais Émile fit preuve d'une endurance et d'une détermination incroyables.

Julien, qui avait rapidement noué une amitié profonde avec Émile, était impressionné par la force tranquille de l'homme. Il était clair qu'Émile était en parfaite harmonie avec la nature et qu'il comprenait les montagnes mieux que quiconque.

Alors qu'ils gravissaient les pentes, Émile partagea des histoires et des légendes locales sur les montagnes, transmises de génération en génération dans son village. Il raconta comment le Pic du Serpent avait été ainsi nommé en raison de sa silhouette qui ressemblait à un serpent enroulé. Il partagea également des récits de rencontres avec des animaux sauvages, de sommets inexplorés et de tempêtes mémorables.

Les jeunes alpinistes étaient captivés par les récits d'Émile, qui semblaient donner vie aux montagnes qui les entouraient. Ils découvrirent que la montagne était bien plus qu'une masse de roches et de neige, c'était un lieu chargé d'histoires et de mystères, un lieu où la nature et l'humanité se rencontraient.

Au fur et à mesure de leur progression, le groupe rencontra divers défis et obstacles. À un moment donné, ils durent traverser une crête étroite et glacée, où chaque pas pouvait être fatal. Émile, malgré son âge avancé, fut le premier à s'élancer, montrant une agilité étonnante.

La nuit tomba rapidement, et ils décidèrent de camper sur une petite plateforme rocheuse. Ils allumèrent un feu de camp, partageant des repas chauds et des histoires autour des flammes crépitantes. Émile joua de la guitare, chantant des chansons de montagne qui semblaient fusionner avec le souffle du vent.

Au matin, ils reprirent leur ascension, se rapprochant du sommet tant convoité. L'air était devenu plus mince, les températures plus glaciales, mais leur détermination restait intacte. Émile était en tête, guidant le groupe avec sagesse et expérience.

Enfin, après plusieurs jours d'efforts, ils atteignirent le sommet du Pic du Serpent. Là, ils furent récompensés par une vue à couper le souffle sur les Alpes, s'étendant à perte de vue. Les montagnes semblaient se fondre dans un océan de nuages, créant un tableau d'une beauté indescriptible.

Émile se tint debout au sommet, les larmes aux yeux, réalisant enfin son rêve de toute une vie. Les jeunes alpinistes, émus par sa détermination, le félicitèrent chaleureusement. Ils savaient qu'ils avaient partagé une expérience extraordinaire avec un homme extraordinaire.

Lorsqu'ils redescendirent vers le village, Émile regarda une dernière fois les montagnes avec gratitude. Il savait que, bien que l'aventure du Pic du Serpent fût terminée, son amour pour les montagnes ne s'éteindrait jamais. Il continuerait à raconter des histoires, à partager sa passion et à inspirer d'autres à découvrir les merveilles cachées des Alpes.

De retour dans leur petit village, les alpinistes firent un pacte avec Émile. Ils promirent de revenir chaque année pour une nouvelle aventure en montagne, accompagnés de leur sage ami. L'histoire d'Émile et de son aventure dans les Alpes devint une légende locale, rappelant à tous que l'âge n'est qu'un nombre, que les rêves sont éternels, et que la montagne offre toujours ses secrets à ceux qui osent l'explorer.

The Adventure of Alpine Discovery

Once upon a time, in a picturesque village nestled in the heart of the Swiss Alps, there lived a man named Emile Dupont. Emile was a man of a certain age, with a weathered face from the sun and Alpine winds. He had spent his entire life cultivating potatoes in the high-altitude terraces of his village.

Emile's life was simple and routine, dictated by the seasons and hard work in the fields. But deep in his heart, he held a secret dream: to explore the majestic peaks that had towered over his village for generations.

Every morning, Emile would rise early to gaze at the mountains from his small farm. He would imagine the adventures that awaited him beyond the snow-capped summits. He dreamed of scaling the steep slopes, exploring hidden valleys, and uncovering the mysteries of these mountains that had always captivated his soul.

One summer day, while he was plowing his fields, Emile spotted a group of young mountaineers passing through his village. They were equipped with crampons, ropes, and backpacks filled with provisions. Their faces radiated excitement and determination.

Emile approached them with a shy smile and inquired about their destination. One of the mountaineers, a young man named Julien, explained that they were on their way to an expedition in the mountains, with the ambitious goal of reaching the summit of Snake Peak, a legendary mountain overlooking the region.

When Emile heard about their expedition, his heart swelled with joy and longing. He realized that this was his chance to fulfill a lifelong dream. With touching humility, he asked Julien if he could join their adventure.

Julien, impressed by Emile's sincere desire, readily agreed. He believed that Emile's experience and wisdom would be a valuable asset to their expedition. The other members of the group, although somewhat surprised, also consented.

The next morning, Emile found himself with the group of mountaineers, ready to embark on the adventure of his life. He wore worn but sturdy mountain boots, a backpack filled with provisions he had carefully prepared, and a walking stick he had carved himself.

The ascent of Snake Peak proved to be a demanding challenge, even for seasoned mountaineers like Julien and his companions. The slopes were steep, the weather conditions changeable, and the risk of landslides ever-present. But Emile displayed incredible endurance and determination.

Julien, who had quickly formed a deep friendship with Emile, was impressed by the man's quiet strength. It was evident that Emile was in perfect harmony with nature and understood the mountains better than anyone.

As they climbed the slopes, Emile shared local stories and legends about the mountains, passed down through generations in his village. He recounted how Snake Peak had earned its name due to its silhouette resembling a coiled snake. He also shared tales of encounters with wild animals, unexplored summits, and memorable storms.

The young mountaineers were captivated by Emile's stories, which seemed to breathe life into the surrounding mountains. They discovered that the mountain was much more than a mass of rocks and snow; it was a place teeming with stories and mysteries, a place where nature and humanity intersected.

As they continued their progress, the group encountered various challenges and obstacles. At one point, they had to traverse a narrow, icy ridge where each step could be fatal. Emile, despite his advanced age, was the first to venture forward, displaying astonishing agility.

Night fell quickly, and they decided to camp on a small rocky ledge. They lit a campfire, sharing hot meals and stories around the crackling flames. Emile played the guitar, singing mountain songs that seemed to blend with the breath of the wind.

In the morning, they resumed their ascent, drawing closer to the coveted summit. The air grew thinner, the temperatures colder, but their determination remained unwavering. Emile led the way, guiding the group with wisdom and experience.

Finally, after several days of effort, they reached the summit of Snake Peak. There, they were rewarded with a breathtaking view of the Alps, stretching as far as the eye could see. The mountains seemed to merge into an ocean of clouds, creating an indescribably beautiful tableau.

Emile stood at the summit, tears in his eyes, finally realizing his lifelong dream. The young mountaineers, moved by his determination, congratulated him warmly. They knew they had shared an extraordinary experience with an extraordinary man.

When they descended back to the village, Emile looked back one last time at the mountains with gratitude. He knew that although the adventure of Snake Peak was over, his love for the mountains would never fade. He would continue to tell stories, share his passion, and inspire others to discover the hidden wonders of the Alps.

Back in their small village, the mountaineers made a pact with Emile. They promised to return every year for a new mountain adventure, accompanied by their wise friend. The story of Emile and his adventure in the Alps became a local legend, reminding everyone that age is just a number, dreams are eternal, and the mountain always offers its secrets to those who dare to explore it.

Le Malentendu à la Boulangerie

Monsieur Barton, un homme d'un certain âge, était un client fidèle de la boulangerie du coin. Chaque matin, il s'y rendait pour acheter sa baguette traditionnelle et discuter avec les employés du magasin. La boulangerie était un endroit où il se sentait chez lui.

Un jour, alors qu'il était en train de commander sa baguette habituelle, Monsieur Barton fut interrompu par un éternuement sonore d'un autre client à la boulangerie. Ce client était Monsieur Leblanc, un voisin de longue date de Monsieur Barton. Les deux hommes se connaissaient bien, mais ils n'avaient jamais été des amis proches.

Monsieur Leblanc s'excusa pour son éternuement bruyant et dit : "Oh, pardon, Monsieur Barton, c'était vraiment involontaire !"

Monsieur Barton, malentendant, pensa avoir entendu quelque chose de tout à fait différent. Il sourit poliment et répondit : "Oh, ne vous inquiétez pas, Monsieur Leblanc, je comprends que vous appréciiez ma compagnie !"

Monsieur Leblanc, surpris par la réponse, pensa que Monsieur Barton était en train de se moquer de lui. Il dit avec un sourire gêné : "Eh bien, je suis ravi que vous le preniez ainsi, Monsieur Barton !"

Le lendemain, Monsieur Barton retourna à la boulangerie, et la même scène se reproduisit. Un autre éternuement involontaire de Monsieur Leblanc, suivi de la réponse erronée de Monsieur Barton.

La situation devint rapidement hilarante. Chaque jour, Monsieur Leblanc essayait de s'excuser pour ses éternuements, tandis que Monsieur Barton continuait à mal comprendre et à répondre de manière encore plus amusante. La boulangerie était le théâtre de leurs malentendus comiques.

Bientôt, d'autres clients de la boulangerie commencèrent à remarquer la situation. Ils se demandaient pourquoi Monsieur Barton semblait toujours prendre les excuses de Monsieur Leblanc de manière si étrange. Certains se mirent à rire discrètement, tandis que d'autres tentaient de réprimer leurs sourires.

Les employés de la boulangerie, bien au courant de la situation, participaient à la comédie en essayant de ne pas éclater de rire à chaque interaction entre Monsieur Barton et Monsieur Leblanc.

Finalement, un jour, un client bien intentionné expliqua à Monsieur Barton le véritable sens des excuses de Monsieur Leblanc. Monsieur Barton se rendit compte de son erreur, et les deux hommes éclatèrent de rire en se rendant compte de la confusion hilarante qui avait duré si longtemps.

Dès lors, chaque matin à la boulangerie, Monsieur Barton et Monsieur Leblanc riaient ensemble de leurs malentendus passés. La boulangerie devint un lieu de convivialité et de rires partagés, où les clients se réunissaient pour savourer des baguettes fraîches et des moments de bonne humeur.

Ainsi se termina l'histoire de la boulangerie du quartier, où un simple malentendu avait transformé des voisins en amis et avait apporté un peu de légèreté dans la vie de chacun. Et tous les matins, Monsieur Barton et Monsieur Leblanc se saluaient chaleureusement, en s'assurant de bien se comprendre cette fois-ci.

The Misunderstanding at the Bakery

Monsieur Barton, a man of a certain age, was a loyal customer of the local bakery. Every morning, he would visit to buy his usual baguette and engage in conversation with the store's employees. The bakery was a place where he felt at home.

One day, as he was placing his usual order for a baguette, Monsieur Barton was interrupted by a loud sneeze from another customer in the bakery. This customer happened to be Monsieur Leblanc, a long-time neighbor of Monsieur Barton. While the two men knew each other, they had never been close friends.

Monsieur Leblanc apologized for his noisy sneeze and said, "Oh, I'm sorry, Monsieur Barton, that was completely involuntary!"

Monsieur Barton, who was hard of hearing, thought he heard something entirely different. He politely smiled and replied, "Oh, don't worry, Monsieur Leblanc, I understand that you enjoy my company!"

Monsieur Leblanc, taken aback by the response, thought that Monsieur Barton was making fun of him. He chuckled awkwardly and said, "Well, I'm glad you take it that way, Monsieur Barton!"

The next day, Monsieur Barton returned to the bakery, and the same scenario unfolded. Another involuntary sneeze from Monsieur Leblanc, followed by Monsieur Barton's mistaken response.

The situation quickly became hilarious. Each day, Monsieur Leblanc would try to apologize for his sneezes, while Monsieur Barton continued to misunderstand and respond in an even funnier way. The bakery became the stage for their comedic misunderstandings.

Soon, other customers at the bakery began to notice the situation. They wondered why Monsieur Barton seemed to always take Monsieur Leblanc's apologies in such a strange manner. Some would discreetly chuckle, while others tried to stifle their smiles.

The bakery's employees, well aware of the situation, joined in the comedy by trying not to burst into laughter at each interaction between Monsieur Barton and Monsieur Leblanc.

Eventually, one well-intentioned customer explained to Monsieur Barton the true meaning of Monsieur Leblanc's apologies. Monsieur Barton realized his mistake, and the two men burst into laughter upon realizing the hilarious confusion that had persisted for so long.

From that day on, every morning at the bakery, Monsieur Barton and Monsieur Leblanc would laugh together about their past misunderstandings. The bakery became a place of camaraderie and shared laughter, where customers gathered to enjoy fresh baguettes and moments of good humor.

Thus ended the story of the neighborhood bakery, where a simple misunderstanding had turned neighbors into friends and brought a bit of levity into everyone's lives. And every morning, Monsieur Barton and Monsieur Leblanc greeted each other warmly, making sure to understand each other correctly this time.

La Quête du Papillon d'Or

Dans un petit village niché au cœur de la forêt, vivait un jeune garçon nommé Lucien. Lucien était passionné par les papillons depuis son plus jeune âge. Il passait des heures à les observer, à étudier leurs couleurs chatoyantes et leurs vols gracieux. Parmi tous les papillons, un spécimen le fascinait particulièrement : le Papillon d'Or.

Le Papillon d'Or était une créature légendaire, dont la rumeur disait qu'il possédait des ailes dorées d'une beauté incomparable. Lucien rêvait de le voir de ses propres yeux. Un jour, alors qu'il feuilletait un vieux livre de contes, il découvrit une carte mystérieuse qui semblait indiquer l'emplacement du Papillon d'Or.

Déterminé à poursuivre son rêve, Lucien décida de quitter son village et de se lancer dans une quête extraordinaire à la recherche du Papillon d'Or.

Au cours de son voyage, Lucien rencontra de nombreuses personnes et créatures magiques. Il fit la connaissance d'un vieil ermite qui lui enseigna les secrets de la forêt, d'une fée bienveillante qui le guida à travers les marais dangereux, et d'un loup solitaire qui devint son ami et son protecteur.

Il traversa des forêts profondes, escalada des montagnes escarpées, et traversa des rivières tumultueuses. À chaque étape de son voyage, Lucien se rapprochait un peu plus de son objectif.

Lucien arriva enfin à l'orée d'une forêt dense et mystérieuse, qui semblait être le dernier endroit indiqué sur la carte. Cette forêt était différente de tout ce qu'il avait vu auparavant. Les arbres étaient plus grands, les feuilles plus vertes, et une lueur dorée flottait dans l'air.

C'est là, au cœur de la forêt enchantée, que Lucien fit une découverte extraordinaire. Il aperçut un papillon aux ailes dorées, le Papillon d'Or, voltigeant parmi les fleurs lumineuses. Il était encore plus magnifique que dans ses rêves.

Lucien s'approcha doucement du Papillon d'Or, craignant de le faire fuir. Mais le papillon se posa sur sa main, et Lucien put admirer sa beauté de près. Les ailes du papillon scintillaient comme de l'or pur, et leur éclat était envoûtant.

Alors qu'il observait le Papillon d'Or, Lucien réalisa que la véritable magie n'était pas seulement dans l'apparence du papillon, mais aussi dans le voyage qu'il avait entrepris pour le trouver. Il avait appris la valeur de la persévérance, de l'amitié et de la découverte de la beauté cachée dans le monde qui l'entourait.

Après avoir passé du temps avec le Papillon d'Or, Lucien décida de retourner dans son village. Il savait qu'il avait trouvé bien plus que ce qu'il cherchait. Son voyage avait transformé sa vision du monde et l'avait enrichi de souvenirs inestimables.

Lucien partagea son histoire avec les habitants du village, inspirant d'autres jeunes à suivre leurs propres rêves et à entreprendre des voyages extraordinaires. Bien que le Papillon d'Or soit resté dans la forêt enchantée, son éclat continuait d'illuminer les rêves de chacun.

Ainsi se termina l'histoire de Lucien, le jeune explorateur qui avait trouvé bien plus qu'un papillon doré dans sa quête. Il avait trouvé la magie de l'aventure, de la découverte et du partage avec les autres, des trésors bien plus précieux que l'or.

The Quest for the Golden Butterfly

In a small village nestled deep within the forest, lived a young boy named Lucien. Lucien had been passionate about butterflies since a very young age. He spent hours observing them, studying their shimmering colors, and graceful flights. Among all the butterflies, one specimen fascinated him the most: the Golden Butterfly.

The Golden Butterfly was a legendary creature, rumored to have wings of unparalleled golden beauty. Lucien dreamt of seeing it with his own eyes. One day, while leafing through an old book of tales, he stumbled upon a mysterious map that seemed to indicate the location of the Golden Butterfly.

Determined to pursue his dream, Lucien decided to leave his village and embark on an extraordinary quest in search of the Golden Butterfly.

During his journey, Lucien met many people and magical creatures. He encountered an old hermit who taught him the secrets of the forest, a benevolent fairy who guided him through treacherous marshes, and a lone wolf who became his friend and protector.

He traversed deep forests, climbed steep mountains, and crossed turbulent rivers. At each step of his journey, Lucien inched closer to his goal.

Lucien finally arrived at the edge of a dense and mysterious forest, which seemed to be the last location marked on the map. This forest was unlike anything he had seen before. The trees were taller, the leaves greener, and a golden glow filled the air.

It was there, in the heart of the enchanted forest, that Lucien made an extraordinary discovery. He spotted a butterfly with golden wings, the Golden Butterfly, fluttering among luminous flowers. It was even more magnificent than in his dreams.

Lucien approached the Golden Butterfly cautiously, afraid of scaring it away. But the butterfly alighted on his hand, and Lucien could admire its beauty up close. The wings of the butterfly shimmered like pure gold, and their radiance was enchanting.

As he observed the Golden Butterfly, Lucien realized that true magic was not just in the appearance of the butterfly but also in the journey he had undertaken to find it. He had learned the value of perseverance, friendship, and discovering the hidden beauty in the world around him.

After spending time with the Golden Butterfly, Lucien decided to return to his village. He knew he had found much more than he had been seeking. His journey had transformed his view of the world and had enriched him with invaluable memories.

Lucien shared his story with the villagers, inspiring other young people to follow their own dreams and embark on extraordinary journeys. Although the Golden Butterfly remained in the enchanted forest, its radiance continued to illuminate the dreams of everyone.

Thus ended the story of Lucien, the young explorer who had found much more than a golden butterfly in his quest. He had discovered the magic of adventure, discovery, and sharing with others, treasures far more precious than gold.